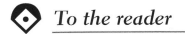 # To the reader

As you read, refer to the lists of basic structures, baseball terms, cognates, and vocabulary included in this book to help you better understand the story. These lists have been composed to reflect the meanings used in the context of the book. We hope you enjoy the adventures of the Gómez brothers!

USE THESE LISTS:

TO IDENTIFY SUBJECTS

yo *I*

tú *you*

él *he*

ella *she*

usted (Ud.) *you*

nosotros, nosotras *we*

ellos, ellas *they*

ustedes (Uds.) *you (plural)*

TO SHOW POSSESSION

mi, mis *my*

tu, tus *your*

su, sus *his, her, your, their*

nuestro, a, s *our*

TO ASK A QUESTION

¿Cómo? *How?*

¿Cuál? *Which? What?*

¿Cuándo? *When?*

¿Dónde? ¿Adónde? *Where?*

¿Por qué? *Why?*

¿Qué? *What?*

¿Quién? ¿Quiénes? *Who?*

TO SPECIFY

el, la, los, las *the*

un, una *a, an*

unos, unas *some*

este, esta *this*

estos, estas *these*

ese, esa *that*

esos, esas *those*

algún, alguna *some*

algunos, algunas *some*

TO INDICATE THE RECIPIENT OF AN ACTION

me *me; to/for me*

te *you; to/for you*

lo *him, it*

la *her, it*

le *to/for him, her, you*

nos *us; to/for us*

los *them*

las *them*

les *to/for them, you*

◆ Índice

Mapa

Vocabulario de béisbol

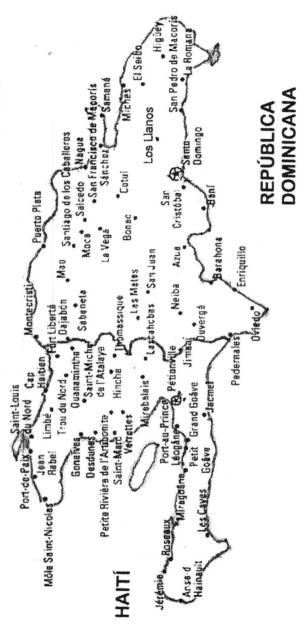

◆ *Vocabulario de béisbol*

Baseball first came to the Caribbean region when Americans went to Cuba in the 1860's. Later, immigrants from Cuba took this sport to the Dominican Republic and other islands. Several Dominican teams were formed in the late 1890's. The game continued to develop with the arrival of US troops in the early 1900's. Since that time, baseball has become the national pastime and pride of the Dominican Republic.

atrapar   *to catch*

bases   *bases*

bate   *bat*

bateador   *batter*

batear   *to bat*

buscón   *baseball scout*

cácher   *catcher*

campamento   *camp*

campo   *field*

equipo   *team*

ganar   *to win*

golpear   *to hit*

grandes ligas
   big, major leagues

guante   *glove*

jonrón   *home run*

jit   *hit*

juego   *game*

jugar   *to play*

ligas menores   *minor leagues*

pelotero   *player*

pelota   *ball*

perder   *to lose*

pícher   *pitcher*

tirar   *to throw*

vitilla   *Dominican version of street baseball*

◈ CAPÍTULO 1
La familia Gómez

TODO EMPEZÓ en la calle. Cuando los hermanos
Gómez eran niños, ellos siempre jugaban al béisbol en la calle. Bueno, la verdad es que no jugaban al béisbol. Jugaban una versión del béisbol:
jugaban a la vitilla. Cuando los niños jugaban a
la vitilla, no usaban un bate. No usaban una pelota tampoco, porque no tenían. Los niños usaban
un palo y una tapa de una botella de agua. Así
jugaban los hermanos Gómez. Así jugaban todos
los niños del barrio. — *they don't have good baseball equipment*

En la República Dominicana, el béisbol es el
deporte nacional, y la gente está obsesionada. La
gente llama al béisbol, "la pelota". La gente juega
a la pelota. La gente habla de la pelota. La gente
va a los juegos de pelota, y la gente escucha los
juegos en la radio. También, muchos adolescentes
dominicanos quieren ser peloteros profesionales *many Dominican players*
en las grandes ligas de los Estados Unidos. Quieren

ser famosos. ~~Quieren ser Manny Ramírez.~~ Quie-
~~ren ser Vladimir Guerrero.~~ — baseball players?

Los hermanos Gómez, que se llamaban Marcos
y Omar, vivían en un apartamento con sus padres
en Los Llanos, un pueblo cerca de la ciudad de
San Pedro de Macorís. San Pedro de Macorís es
una ciudad de doscientos mil habitantes. Está en
la costa sureste de la República Dominicana. Está
cerca de la capital, Santo Domingo. San Pedro de
Macorís es famoso por sus peloteros muy buenos.
Muchos peloteros dominicanos profesionales
en las grandes ligas de los Estados Unidos son
de San Pedro de Macorís. También la ciudad es
one of my facts ☺
famosa ~~por sus compañías de caña de azúcar.~~ En
San Pedro de Macorís, mucha gente trabaja en la
industria de caña de azúcar.

El papá de la familia Gómez era empleado
de una compañía de caña de azúcar. La mamá
cuidaba la casa y cuidaba a los niños. Marcos
tenía diecisiete años, y era el mayor de los dos
hermanos. Era alto, moreno y tenía ojos de color

café. Omar tenía dieciséis años. También era alto, moreno y tenía ojos de color café. La familia no tenía mucho dinero, pero era una familia feliz. Todos en el barrio conocían a la familia Gómez. Ellos siempre eran muy amables con todos.

Los dos hermanos, Marcos y Omar, eran mejores amigos. Estudiaban en el colegio juntos, jugaban en la playa juntos, tenían los mismos amigos y, claro, siempre jugaban a la vitilla con sus amigos.

La verdad es que todos los muchachos del barrio querían jugar como los hermanos Gómez porque ellos tenían tanto talento. Marcos y Omar eran expertos en la pelota, y jugaban súper bien. Marcos era el pícher más famoso del barrio. Todos los niños lo admiraban y lo miraban jugar. Marcos tiraba las pelotas muy rápido porque tenía un brazo muy fuerte. ¡La gente lo llamaba "brazo de oro"!

Un día, los niños jugaban a la vitilla en la calle. Marcos, el pícher más famoso del barrio, tiró una tapa tan fuerte que le pegó al bateador en la cabeza. El pobre bateador se tocó la cabeza con la mano, y empezó a llorar como un bebé. El pobre tenía un golpe en la cabeza. El golpe estaba muy rojo, y tenía la forma de la tapa. Todos los otros niños empezaron a reírse. El pobre bateador se tocó la cabeza con la mano otra vez, y se fue a casa.

El otro hermano, Omar, también era experto en la pelota. Sabía tirar, golpear y atrapar la pelota muy bien. También le gustaba correr rápidamente. De hecho, Omar era el más rápido de todos los muchachos del barrio. Cuando los muchachos no jugaban a la vitilla, ellos corrían por las calles y echaban carreras. En las carreras, el muchacho que corría más rápido tenía mucha fama y el respeto de todos. Omar corría tan rápido que, claro, ¡tenía más fama que todos los otros muchachos!

Otro día, todos los muchachos vieron una carrera entre Omar y un muchacho muy atlético, que se llamaba Paco. Los dos muchachos, Paco y Omar, corrían muy rápido, y todos estaban emocionados.

Antes de la carrera, algunos muchachos empezaron a gritar:

— ¡O-mar, O-mar!

Otros muchachos empezaron a gritar:

— ¡Pa-co, Pa-co!

Cuando la carrera empezó, los dos corrían rápidamente. Omar estaba muy enfocado y quería ganar. Pero, de repente, Omar vio a una muchacha muy linda de pelo largo y ojos muy bonitos. La muchacha era tan linda que pobre Omar tropezó y se cayó.

Todos los muchachos en el barrio empezaron a reírse cuando Omar tropezó y se cayó. Omar tuvo vergüenza. Todos empezaron a reírse porque Omar tropezó y se cayó cuando vio a la muchacha linda. Omar no quería perder. Tuvo una idea.

Después de que Omar tropezó y se cayó, se levantó rápidamente. Vio a la muchacha, y le gritó:

— ¡Oye, linda! ¿Cómo te llamas?

Obviamente, Omar no era tímido. La muchacha, muy sorprendida, vio a Omar y le respondió:

— Me llamo Carlota.

Carlota estaba nerviosa y empezó a reírse. Ella pensaba que Omar era muy atlético y chévere.

Omar también estaba nervioso, y empezó a reírse. Él quería impresionar a la muchacha.

Al final, Omar ganó la carrera. ¡Todos los muchachos aplaudieron y gritaron! Después de la carrera, Omar vio a su hermano, Marcos. Marcos le dijo:

— Omar, buen trabajo hoy. Paco es uno de los más rápidos, y tú ganaste la carrera. También, tú viste a una muchacha linda. ¡Impresionante!

Después, los dos hermanos vieron a unos amigos en la calle. Todos decidieron jugar a la vitilla. Mientras jugaban, mucha gente del barrio llegó y los vio jugar. Las muchachas miraban y hablaban de los muchachos atléticos y chéveres. Las madres miraban a sus hijos con emoción. Los hombres mayores miraban y hablaban de sus pasados. Unos hablaban del tiempo cuando jugaban a la pelota y querían jugar profesionalmente. Otros hablaban de las oportunidades que nunca tuvieron. ¡A todos en el pueblo les encantaba la vitilla!

Más tarde ese día, los hermanos Gómez vieron a un hombre que los miraba jugar. Vieron a un hombre desconocido. Este hombre desconocido miraba a los muchachos intensamente.

◉ CAPÍTULO 2
El hombre desconocido

ESA NOCHE en casa de los Gómez, la familia se
sentó a la mesa para comer. ¡Todos tenían mucha
hambre! La mamá les preparó un plato típico de
la isla, el locrio dominicano. El locrio es un plato
de arroz, carne y verduras. A todos les gustó.

La mamá les preguntó a sus hijos:

— ¿Qué pasó, queridos? ¿Qué hicieron Uds.
hoy?

— Pues, pasamos el día con nuestros amigos.
Jugamos a la vitilla y echamos carreras —le
contestó Omar.

— ¡Sí! Omar y Paco echaron una carrera, y
todos los vieron. Omar tropezó y se cayó,
y todavía ganó. ¡Fue increíble! ¡También
conoció a una muchacha linda! —le añadió
Marcos.

— ¿Te caíste, Omar? ¿Estás bien, querido? —le
preguntó la mamá, muy preocupada.

— Sí, mamá. Estoy bien. No te preocupes.

Todos comían y disfrutaban de la comida cuando el papá rompió el silencio:

— ¿Qué más, muchachos?

— Bueno—le contestó Omar—hoy cuando
jugábamos a la vitilla, había mucha gente,
como siempre…

Marcos interrumpió:

— ¡Sí! También había un hombre desconocido
que nos miraba. Nos miraba jugar, pero nadie
lo conocía. ¿Tú también lo viste, Omar?

— Sí, yo lo vi. Él nos miraba intensamente.

La mamá estaba preocupada y les dijo:

— Queridos, ¿cómo era ese hombre? Descríban-
lo. La situación me parece un poco extraña.

— Bueno, el hombre era bastante bajo, moreno
y gordito.

— Yo creo que tenía unos cuarenta años. Nos
miraba intensamente. Pienso que nos miraba
jugar—le contestó Omar.

— ¿Piensas que es un buscón profesional,

Omar?—le preguntó su hermano, muy emocionado. *Ma*

— Ni idea—le contestó Omar—es posible. Un buscón es un hombre que busca a jóvenes talentosos para jugar a la pelota en las ligas profesionales en los Estados Unidos. A veces los buscones son dominicanos, y a veces son norteamericanos. Buscan a los mejores peloteros de la República Dominicana, y los llevan a los campamentos para jugar y practicar. Algunos buscones tienen sus propios campamentos donde entrenan a los jóvenes. Otros buscones trabajan para equipos norteamericanos que tienen campamentos en la República Dominicana. Por ejemplo, los equipos de Chicago y de Los Ángeles tienen sus campamentos en la República Dominicana. Muchos campamentos están en San Pedro de Macorís. Después, los peloteros más talentosos tienen la oportunidad de ir a los Estados Unidos para jugar profesionalmente.

— ¡Eso es increíble! ¡Un buscón miraba a mis

hijos! —dijo el papá con mucha emoción. ?

— Bueno, basta ya. ¡Acuéstense Uds.! Mañana
hablamos —respondió la mamá. M

Entonces, los dos hermanos, muy cansados, se
acostaron. Después, la mamá le dijo a su esposo:

— Yo estoy un poco preocupada porque un
buscón miraba a los muchachos. Tú y yo
sabemos bien que nuestros hijos son muy
jóvenes para jugar a la pelota profesionalmente en otro país. También, si ellos van
a un campamento, no van a continuar con
sus estudios en el colegio. Además, ya sabes
que muchos jóvenes dominicanos quieren
ser peloteros profesionales. No todos van a
tener esa oportunidad.

El papá le respondió en voz baja:

— Nunca se sabe…Nunca se sabe… ?

Al día siguiente, los muchachos se despertaron
para ir al colegio. Omar todavía estaba muy contento porque conoció a Carlota y ganó la carrera.

Estaba tan contento que esa mañana se arregló

con más energía que nunca.

Primero, Omar fue al baño. Allí, se bañó con agua caliente y jabón. Se lavó la cara, y se lavó el pelo. Después, se secó el pelo con una toalla, y se lavó los dientes rápidamente. Usó colonia y desodorante. Se puso sus jeans favoritos y una camiseta. Estaba muy contento. Se miró en el espejo, y empezó a cantar una canción romántica de Juan Luis Guerra. Pensaba en Carlota. Agarró su cepillo, y lo usó como micrófono. Cantó, cantó y cantó más. Pensaba en los ojos de Carlota mientras cantaba. Pensaba en la voz de Carlota mientras cantaba. También pensaba en la sonrisa de Carlota mientras cantaba.

La ventana del baño estaba abierta. La brisa tropical llevó la voz de Omar a la casa de los vecinos, que escuchaban su canción romántica. Los vecinos lo escucharon, se rieron y empezaron a cantar con él. En ese momento, Omar tuvo vergüenza, y se puso rojo.

Omar y Marcos pasaron el día en el colegio.

Después de clase, los dos se reunieron con sus amigos para jugar a su pasatiempo favorito, la vitilla. Mientras los muchachos jugaban, Omar vio a Carlota con sus amigas. Omar y Carlota se vieron y sonrieron. Omar también vio al hombre desconocido de ayer. Otra vez, el hombre miraba a los muchachos intensamente. Marcos estaba emocionado porque pensaba que el hombre era un buscón profesional.

Esta vez, después de jugar, el hombre habló con Omar y Marcos.

— ¡Oigan, muchachos! Uds. saben jugar muy bien—les dijo el hombre.

Los muchachos escucharon atentamente, y el hombre continuó:

— Quiero presentarme. Me llamo Rodrigo González, y soy un buscón profesional. Escuchen, muchachos. Yo creo que Uds. son muy talentosos. ¿Cómo se llaman?

— Pues, yo me llamo Marcos, Señor.

— Soy Omar.

— Mucho gusto, muchachos. Como yo ya les dije, soy buscón, y tengo mi propio campamento cerca de San Pedro de Macorís. Yo entreno a los mejores peloteros de la isla. Estoy bien conectado, y conozco a muchos peloteros profesionales en los Estados Unidos. Aquí está mi tarjeta. ¿Puedo ir a su casa para hablar seriamente con Uds. y con su familia?

— ¡Sí, Señor! —le gritó Marcos— nosotros vivimos cerca. Estoy seguro de que nuestros padres quieren hablar con Ud.

— Escriban su dirección. Yo voy a estar en su casa mañana a las ocho.

— Sí, sí. Está bien. Nos vemos mañana a las ocho —le dijeron los hermanos a Rodrigo y se fueron.

Mientras caminaban a casa, Marcos le gritó:

— ¡No me lo puedo creer, Omar! ¡Vamos a jugar en los Estados Unidos! ¡Vamos a ganar mucho dinero, y vamos a ser famosos! ¡Vamos a ser como Vladimir Guerrero!

Omar se rió un poco, miró a Marcos y le dijo seriamente:

— No lo creas, Marcos. No es tan fácil.

Marcos no lo escuchó y empezó a gritar:

— ¡Yo soy el mejor pelotero del mundo!

Los hermanos caminaron a casa y se lo explicaron todo a sus padres.

◆ CAPÍTULO 3
El buscón y la oportunidad

AL DÍA SIGUIENTE, Omar y Marcos estaban emocionados cuando el buscón, Rodrigo González, llegó a su casa. Cuando Rodrigo entró, todos se sentaron a la mesa. La mamá les sirvió habichuelas con dulce. Es un postre típico de la República Dominicana. Entonces, la mamá le dijo sinceramente:

— Bueno, Señor. Nuestros hijos nos dicen que Ud. es un buscón profesional.

— Pues, sí, Señora. Soy Rodrigo González, y tengo mi propio campamento de béisbol. Gracias por darme la oportunidad de presentarme y de hablar con Uds. de sus hijos talentosos.

— Gracias a Ud., Señor González—le dijo el papá—Yo sé que mis dos hijos tienen mucho talento. ¿Cómo conoce Ud. a Marcos y a Omar? ¿Cuándo los vio jugar?

Rodrigo le explicó:

— Yo vi a sus hijos ayer cuando jugaban en la calle. Estoy muy impresionado. Como buscón, mi trabajo es buscar y encontrar a los mejores peloteros de toda la República Dominicana. Yo viajo mucho, y paso por muchas ciudades y muchos pueblos. Busco a los mejores peloteros para entrenarlos en mi campamento. Todos saben que San Pedro de Macorís es famoso por sus expertos en la pelota. Vladimir Guerrero es de aquí; Alfonso Soriano es de aquí. Los dos tienen mucho éxito en las grandes ligas en los Estados Unidos.

— Entiendo—le respondió la mamá—pero muchos niños de aquí son pobres. Aquí se juega en la calle sin zapatos. Se juega sin bates. Se juega sin pelotas. ¿Cómo es posible, Señor González, que mis hijos sean candidatos perfectos para las grandes ligas cuando juegan a la pelota con un palo y una tapa de una botella de agua?

17

— Señora —le explicó el buscón —yo reconozco el talento cuando lo veo. No se necesita un par de zapatos muy caros para correr rápidamente; se necesita la velocidad. No se necesita una pelota oficial para ser un pícher muy bueno; se necesita un brazo de oro. Sus hijos, Omar y Marcos, tienen ese tipo de talento, Señora Gómez.

El papá le dijo:

— El hombre tiene razón, mi amor. Nunca se sabe. Si los muchachos tienen tanto talento puro, tenemos que darles la oportunidad de realizar sus sueños. Si tienen éxito, ¡van a estar contentos y van a ser famosos!

— Perdone, Señor —le dijo la mamá —pero tengo unas preguntas. ¿Cuál es su plan para nuestros hijos? ¿Cómo es el campamento? ¿Tenemos que pagar? ¿Van a continuar sus estudios?

— Mire, Señora —le explicó Rodrigo —el campamento está cerca de San Pedro de Macorís. Está muy limpio, y los muchachos duermen allí. Pasan la mayoría del día jugando a la pelota. Van a clases todos los días, y comen juntos en la cafetería. La comida es muy buena también. Van a estar muy contentos allí.

— ¿Y lo de pagar? —le preguntó el papá.

— No se preocupen Uds. El campamento les da los bates a los muchachos, les da los guantes y les da la comida. Uds. no tienen que pagar mucho.

Entonces, los Gómez estaban contentos porque no eran muy ricos.

— Imagínense Uds. —les dijo Rodrigo—algún día, si tienen éxito, sus hijos pueden tener mucha fama, dinero y la atención de muchos fans del mundo. Si tienen éxito, sus hijos pueden ir a los Estados Unidos. Mi campamento es el primer paso de este sueño. Confíen en mí…todo va a estar muy bien.

— ¡Por favor, mamá! ¡Danos la oportunidad!— le gritó Marcos.

Omar también le dijo:

— El dinero nos puede ayudar a todos nosotros.

La mamá continuó:

— La verdad es que estoy un poco preocupada, pero si Uds. realmente quieren la oportunidad en el campamento, entonces está bien conmigo.

La mamá miró al Señor González y le dijo:

— Confiamos mucho en Ud., pero cuide bien a nuestros hijos, por favor.

El sábado siguiente, los dos hermanos salieron a la calle. Querían ver a sus amigos y hablarles de las nuevas noticias. Mientras hablaban, ¡Omar vio a Carlota otra vez! Carlota estaba con su grupo de amigas en la calle, y ella estaba muy linda, como siempre. Omar quería hablar con ella y le dijo:

— Hola, Carlota. ¿Me recuerdas? ¿Qué tal?

— Sí, Omar. Estoy bien. Todos están hablando de ti y de tu hermano. Un buscón les dio a Uds. la oportunidad de entrenar en su campamento, ¿verdad?

— Sí, es verdad. ¡Cómo vuelan las noticias!

El buscón visitó nuestra casa el otro día.

Nos dijo que si vamos a su campamento y
si jugamos muy bien, ¡podemos jugar a la
pelota en los Estados Unidos! Nos dijo que
podemos ganar mucho dinero. Yo creo que
sería una muy buena oportunidad para ayudar a mi familia aquí.

— Bueno, Omar. Yo no te conozco muy bien,
pero todos saben que es muy difícil tener éxito en las grandes ligas en los Estados Unidos.

En ese momento, Marcos llegó y les dijo a los dos:

— ¡Claro que nosotros vamos a llegar a los
Estados Unidos para jugar! Yo soy el mejor
pelotero de la isla, y mi hermano siempre
tiene éxito cuando juega. ¡No hay problema!

Cuando escucharon eso, Omar y Carlota se
miraron y sonrieron. Omar le dijo:

— Escucha, nos vamos pronto al campamento.
Dame tu número de teléfono, y yo te llamo.

Con una sonrisa grande, Carlota escribió su
número, y se lo dio a Omar.

◈ CAPÍTULO 4
En el campamento

LLEGÓ EL DÍA de ir al campamento. Los dos muchachos les dijeron adiós a su mamá y a su papá. Ellos estaban muy emocionados. Sus padres estaban un poco preocupados pero muy orgullosos de sus hijos. Los muchachos sólo tenían una maleta cada uno. Omar tenía el número de teléfono de Carlota en su bolsillo. Ya soñaba con llamarla. Marcos sólo soñaba con ser famoso.

El autobús los llevó al campamento. En el campamento, Omar y Marcos vieron a muchos muchachos jugando a la pelota. De repente, vieron a Rodrigo González, el buscón. Rodrigo los saludó con una sonrisa muy grande y les dijo:

— ¡Hola, muchachos! ¡Bienvenidos! Vengan aquí, y yo les enseño dónde van a dormir.

Cuando los muchachos entraron en su nuevo cuarto, hacía mucho calor. Había unas camas, pero no había mucho espacio. Los muchachos pusieron sus maletas encima de las camas, y entonces Rodrigo los llevó a ver el campamento.

Primero, Rodrigo los llevó a la cafetería donde les dijo con una sonrisa:

— Aquí se come todos los días, y se sirve la mejor comida de toda la isla.

Después, Rodrigo los llevó a los salones de clase para ver donde iban a estudiar. Finalmente, los llevó al campo para ver dónde se practicaba. Les dijo:

— Por la mañana Uds. juegan a la pelota cuando no hace tanto calor. Juegan otra vez después de comer cuando está más fresco.

Marcos y Omar vieron a otros muchachos que corrían, tiraban la pelota y bateaban. Omar se puso un poco nervioso cuando vio a los otros muchachos. No estaba acostumbrado a ver a otros peloteros con tanto talento como él.

Pero, Marcos pensó:

— Yo soy el mejor de todos. ¡No hay problema! Para mí, esto va a ser increíble.

En el campamento, los muchachos tenían una rutina muy estricta. Se levantaban a las seis y desayunaban. Después, todos entrenaban por muchas horas. Corrían y luego practicaban con los peloteros de la misma posición. Los píchers entrenaban juntos. Los cáchers entrenaban juntos. Los bateadores entrenaban juntos. Después, siempre había juegos muy competitivos entre ellos. Todos los muchachos tenían el mismo sueño. Querían impresionar a los buscones y jugar en las grandes ligas.

Durante el día los muchachos tomaban clases. En las clases, los muchachos aprendían el inglés, la nutrición y las costumbres de los Estados Unidos. En la clase de inglés, los muchachos aprendían unas expresiones comunes que se usan en el béisbol norteamericano. Los maestros les decían, por ejemplo, *Home run!*, y todos los muchachos dominicanos repetían, *¡Jonrón!* Los maestros también les decían, *Good hit!*, y todos repetían, *¡Gu jít!* Los maestros también les decían, *Strike out!*, y

todos repetían, ¡*Estrike out!* Para los muchachos,
era un poco difícil pronunciar el inglés, pero
estaban muy motivados para aprenderlo. Marcos
se imaginaba en uno de los estadios grandes de
los Estados Unidos con miles de fans gritando su
nombre, ¡Mar-cos, Mar-cos!

Mientras Marcos soñaba con ser rico y famoso,
su hermano soñaba con Carlota. La extrañaba
mucho, y le gustaba hablar con ella por teléfono
todos los domingos.

Un domingo, Omar llamó a Carlota para
contarle todo. Ella siempre estaba contenta de
escuchar su voz. Empezaron a hablar:

— ¿Aló?

— Hola, Carlota. Es Omar.

— ¡Omar! ¿Cómo estás? ¿Cómo va todo en el
campamento?

— Va bien, pero es mucho trabajo. Hablamos
y practicamos la pelota veinticuatro horas
al día. Los otros muchachos son buenos, y
hay mucha competencia. Hay mucho estrés,

pero yo estoy bien. Y a ti, ¿cómo te va?

— Muy bien. Estoy emocionada porque mi *C* maestra de inglés me dio una copia del libro *En el tiempo de las mariposas* en inglés. Yo ya sé la historia de las hermanas Mirabal, pero ahora me interesa leer el libro en inglés. Quiero aprender el inglés muy bien.

— Ahhh...¡Qué buena idea! Así que, si tú hablas bien el inglés, puedes ayudarme cuando tú y yo lleguemos a los Estados Unidos, ¿no? Los dos empezaron a reírse, pero a Carlota le gustó mucho la idea. Omar continuó:

— ¿Sabes qué, Carlota? Yo te extraño mucho. Estaba pensando...y tengo una pregunta...

— ¿Cuál es? *C*

— Pues...es que...este...bueno, ¿quieres ser mi novia?

— ¡Sí! ¡Quiero ser tu novia! *C*

Los dos empezaron a reírse otra vez, y Omar le dijo:

— ¡Estoy muy contento! Quiero hablar contigo más, pero me tengo que ir. Te llamo en una semana, mi amor.

◈ CAPÍTULO 5
La tragedia

AL DÍA SIGUIENTE, cuando los muchachos entrenaban, Omar vio a un muchacho joven fuera del campamento. Era moreno, alto y muy flaco. Su ropa estaba sucia y vieja. También él estaba solo. El muchacho miraba a los otros mientras jugaban a la pelota. Los otros no sabían quién era, así que siguieron corriendo y jugando, como siempre.

A la hora de comer, los muchachos entraron en la cafetería. Todos tenían hambre, y recogieron su comida. Marcos y Omar se sentaron al lado de la ventana y empezaron a comer. En ese momento, Omar vio al mismo muchacho que estaba fuera del campamento. Omar le dijo en voz baja a su hermano:

— Marcos, ¿ves a ese muchacho allí, caminando solo?

— Sí. Lo veo.

— ¿Qué hace? ¿Por qué está aquí solo?

— Ni idea. Es obvio que no es del campamento.

A Marcos no le importó mucho el muchacho, pero Omar, sí, quería conocerlo. Omar salió de la cafetería con pan y una botella de agua en su mano. Fue a conocer al muchacho.

— ¡Oye! ¿Qué haces por aquí?

— Nada. Perdona…es que…yo sólo los miraba. Tengo mucha sed. ¿Tienes agua?

— Sí, sí. Toma este pan también.

El muchacho empezó a comer rápidamente. Omar quería saber más. Le preguntó:

— ¿Vives por aquí?

— No. La verdad es que soy de Haití.

— ¿Haití?—gritó Omar—¡Tú estuviste en el terremoto! ¿Qué te pasó?

— Pues, fue horrible. No te lo puedes imaginar.

— ¿Estás aquí con tu familia?

— No, estoy solo.

— ¿Cómo llegaste aquí entonces?

— Pues, yo no pude encontrar ni agua ni comida en mi pueblo en Haití. Así que, yo empecé a caminar. Caminé y caminé por muchas horas. Tomé varios autobuses, y también una persona me llevó en su camión.

— ¿Cuándo saliste de tu pueblo?

— Hace unos días, creo. No sé exactamente.

— Y ahora, ¿dónde duermes por la noche?

— Yo duermo en la calle.

— Me imagino que tienes hambre y sueño.

— Sí, es verdad. Tengo mucha hambre y mucho sueño.

— Bueno, soy Omar. Ven conmigo a la cafetería. Yo te doy más comida.

— Gracias. Soy Maurice.

Los dos muchachos caminaron a la cafetería. No había nadie allí porque los otros estaban en sus cuartos. Omar buscó más comida para Maurice en la cocina. Encontró un poco de arroz y habichuelas. Omar le dio el plato de comida a Maurice, y los dos se sentaron a la mesa. Maurice empezó a comer rápidamente, y Omar quería saber más. Le preguntó:

— Cuéntame, Maurice. Si tú eres de Haití,

¿por qué hablas español muy bien?

— Pues, mi mamá era de Haití, pero mi papá

era dominicano. Yo hablo tres idiomas:

español, francés, y criollo.

— ¿Dónde están tus padres?

— Pues, se murieron en el terremoto—le dijo

Maurice con tristeza—y ahora no tengo

familia. Entonces, yo salí de mi pueblo para

buscar ayuda. Necesito comida y también

quiero encontrar a mi familia dominicana.

— ¿Tu familia se murió? Lo siento, Maurice.

Yo quiero ayudarte.

— Gracias. Estoy triste y muy cansado. Gracias

por la comida.

Maurice empezó a salir cuando Omar tuvo

una idea:

— Un momento, Maurice. Quiero hablar con

Rodrigo. Es posible que tú puedas quedarte

aquí en el campamento. Ven conmigo y te

presento a Rodrigo.

Los dos muchachos empezaron a caminar.

— ¿Quién es Rodrigo?—le preguntó Maurice.

— Rodrigo es el director de este campamento
de béisbol. Mi hermano y yo vivimos aquí y
entrenamos. Nuestro sueño es jugar en
las grandes ligas en los Estados Unidos.
Rodrigo nos invitó a este campamento para
prepararnos. ¿Sabes jugar a la pelota?

— No. En Haití no se juega a la pelota. En
Haití se juega al fútbol. Pero a mí me gustan
todos los deportes. Soy atlético.

En ese momento, los dos muchachos llegaron
a la puerta de la oficina de Rodrigo. Rodrigo la
abrió y los vio.

— Hola, Rodrigo. Éste es Maurice. Él es de
Haití, y desafortunadamente, tiene noticias
horribles. Toda su familia se murió en el
terremoto. No tiene dónde dormir.

Rodrigo estaba confundido, y quería saber más.
Le preguntó:

— ¿Eres de Haití? ¿Cómo llegaste a la República Dominicana? ¿Por qué estás en mi campamento de béisbol?

— Pues, cuando mi familia se murió, yo perdí todo. Empecé a caminar hacia la República para encontrar a mi familia dominicana.

Entonces, Maurice se puso muy triste y no pudo hablar más. Omar continuó:

— Rodrigo, Maurice no tiene nada. Su familia se murió. Ahora, no tiene ni familia ni comida. ¿Puede quedarse Maurice aquí en el campamento?

— ¿Qué dices? ¿Hablas en serio? ¿Un haitiano aquí en el campamento? No es posible. Maurice no puede quedarse aquí.

— ¿Solamente unos días?

— No. Esta conversación se acabó. Aquí no se permiten los haitianos. Yo repito. Maurice no puede quedarse en este campamento.

Los dos muchachos salieron de la oficina de Rodrigo en silencio. Después de unos minutos,

Omar se enojó y no pudo creer la reacción nega-

tiva de Rodrigo. Mientras Maurice se quedaba

afuera, Omar fue a llamar a Carlota. Le contó

todo sobre la situación.

Carlota escuchó y quería saber más de Maurice.

Le preguntó a Omar:

— ¿Maurice no puede quedarse con Uds. en el

campamento?

— No. Rodrigo dijo que no.

— Escúchame, Omar. Este muchacho no tiene

nada. No tiene a nadie. Su familia se murió.

Tú tienes que ayudarlo...

Después de su conversación con Carlota,

Omar llevó a Maurice al cuarto donde estaba su

hermano. Omar le dijo:

— Oye, Marcos, ¿recuerdas a este muchacho?

Lo vimos por la ventana de la cafetería.

— Sí—le dijo Marcos.

— Hola, soy Maurice.

— Maurice es de Haití—le explicó Omar—

y sufrió mucho en el terremoto. Se lo

presenté a Rodrigo. Pero ese tipo malo dice que Maurice no puede quedarse en el campamento.

— Pues, en mi opinión, Rodrigo tiene razón. Maurice no es pelotero. No es de aquí— dijo Marcos.

— Pero, tenemos que cuidar a Maurice. Tenemos que darle comida. Tenemos que ayudarlo.— le respondió Omar.

— Omar, ¿cómo es posible? Rodrigo dice que no puede quedarse. ¡Tú estás loco, hermano! Rodrigo va a estar enojado contigo— le gritó Marcos.

Entonces, Marcos salió rápidamente del cuarto. Omar le dijo a Maurice:

— Lo siento, Maurice. Escucha mi idea. Durante el día, mientras nosotros practicamos, tú puedes quedarte aquí en el cuarto. Puedes leer, escribir o dormir. Yo voy a darte comida de la cafetería también. Y otra cosa, voy a hablar con los otros peloteros. Voy a

pedirles ayuda. Ahora tengo que ir a clase,
pero voy a volver al cuarto más tarde.

— Muchas gracias por tu ayuda, Omar.

— No hay problema. Nos vemos pronto.

good
luces
but
whyyy

◆ CAPÍTULO 6

El plan secreto

ESA NOCHE, Omar invitó a los otros peloteros a su cuarto. Todos conocieron a Maurice. Después, Maurice les contó su historia trágica, y todos escucharon seriamente. Maurice les contó:

— Pues, eran las cuatro y media de la tarde, y yo jugaba al fútbol con unos amigos fuera de mi casa. Hacía sol y mucho calor en mi pueblo, Petit-Goâve. Petit-Goâve es un pueblo chiquito a cuarenta millas al suroeste de la capital de Haití, Puerto Príncipe. Muchos en Petit-Goâve se conocen y son amigos. No tenemos mucho, pero somos felices. El día del terremoto, estábamos afuera jugando al fútbol, cuando, de repente, la tierra empezó a temblar. Yo me caí. Lo único que pude ver era humo, y, en seguida, mi casa se cayó. La gente corría y gritaba por todas partes. En unos minutos, yo vi que todos los edificios estaban destruidos.

Maurice empezó a llorar, y había un silencio entre los muchachos. De repente, uno del grupo le dijo:

— Explica más, si tú puedes, Maurice, por favor.

Maurice lloraba porque estaba muy triste, pero finalmente empezó a hablar:

— Por todas partes, yo vi a mucha gente muerta. Nunca en mi vida había visto algo tan terrible.

Otro muchacho le preguntó:

— ¿Y tu familia, Maurice?

Después de una pausa larga, Maurice le respondió:

— Todos se murieron.

Los muchachos estaban muy sorprendidos y tristes. Otra vez había un silencio en el cuarto, hasta que un muchacho le dijo:

— Queremos ayudarte, Maurice. Pero ¿cómo llegaste tú a nuestro campamento? ¿Por qué estás aquí?

— La situación en Haití era tan terrible que empecé a caminar a la República Dominicana.

Yo lloraba mucho mientras caminaba y pensaba en mi familia. Como yo hablo español y tengo familia dominicana, pensé que podría buscar ayuda aquí.

— ¿Dónde vive tu familia dominicana?

— La verdad es que no sé mucho de ellos. Como yo perdí todo en el desastre, no tengo mucha información. No pude llamar a nadie desde Haití porque no había teléfonos. No había nada, ni comida ni agua. Lo único que pude hacer era salir de Haití.

Otra vez, Maurice empezó a llorar. Entonces, Omar describió su conversación con Rodrigo:

— Oigan, muchachos, Rodrigo dijo que Maurice no puede quedarse en el campamento. ¡No es justo! Nosotros tenemos que ayudarlo.

Esa noche, los muchachos decidieron esconder a Maurice en los cuartos. Así que, durante el día, Maurice se quedaba allí, mientras ellos jugaban afuera. A veces Maurice lloraba cuando estaba solo. Pero, cuando los muchachos volvían de la práctica, él estaba un poco más contento. Todos intercambiaban historias personales y hablaban mucho de la pelota. A Maurice le gustaba mucho.

Una noche, muy tarde, Maurice no pudo dormir. Él despertó a Omar, y le dijo en voz baja:

— Estoy triste, Omar. No puedo dormir. ¿Quieres acompañarme afuera? Necesito salir y hacer algo activo.

Omar le dijo:

— Tengo una idea.

Omar recogió un bate y una pelota y los dos empezaron a caminar. Caminaron y caminaron. Caminaron bastante lejos del campamento, y llegaron a un campo pequeño cerca de una escuela primaria. Bajo la luz de la luna, Omar le enseñó a Maurice a jugar a la pelota. Le enseñó a tirar la pelota. Le enseñó a golpear la pelota. Le enseñó a correr las bases. Le enseñó a atrapar la pelota. Por primera vez en dos semanas, Maurice se divirtió y se rió mucho con Omar. Ya no lloraba. Omar estaba sorprendido porque Maurice jugaba muy bien a la pelota.

— ¡Qué bien juegas! —le dijo Omar.

— Pues, Uds. hablan mucho de la pelota, y yo escucho muy bien. También yo los veo jugar por la ventana, y copio su forma. ¿Podemos jugar otra vez?

❖ ❖ ❖

TODAS LAS NOCHES Omar y Maurice iban al campo de la escuela para jugar. Maurice quería saber más de la pelota, así que Omar le enseñaba la buena forma y la técnica. Como Maurice ya era muy atlético, aprendió todo fácilmente y se convirtió en un buen pelotero. Cada vez que Omar le tiraba la pelota, Maurice la atrapaba o golpeaba un jonrón. Cada vez que Omar le echaba una carrera, Maurice ganaba. Era impresionante. Los dos lo pasaban muy bien jugando a la pelota, y empezaron a ser buenos amigos. Como iban por la noche, nadie veía a Omar y a Maurice mientras jugaban. Era un secreto. Nadie sabía del talento de Maurice, menos Omar.

Pero, una noche cuando Omar y Maurice iban al campo para jugar, Marcos se despertó y los vio salir. Los siguió en secreto. Marcos iba detrás de su hermano y Maurice. Marcos se dio cuenta de que Omar y Maurice iban a un campo. Cuando llegaron, los dos muchachos sacaron un bate, una pelota y un guante de una mochila. Marcos tenía curiosidad y se escondió detrás de un árbol para observarlos.

Marcos vio que Omar le enseñaba a Maurice a jugar. ¡Marcos no lo pudo creer! Él se dio cuenta de que Maurice tiraba muy bien la pelota. Se dio cuenta de que golpeaba muy lejos la pelota. Se dio cuenta de que atrapaba fácilmente la pelota. Se dio cuenta de que Maurice era muy bueno, y no le gustó la idea. ¡Marcos se puso furioso! Se enojó más cuando vio que su hermano ayudaba a Maurice a ser un buen pelotero.

De repente, Marcos corrió hacia los dos muchachos. Furiosamente, él empujó el pecho de su hermano y le gritó: *¡racist?*

— ¿Qué haces tú con este haitiano? ¡Traidor!
¡Estás arruinando todo! Yo soy tu hermano.
¿Qué haces con este idiota? *Mom*
A Omar se le cayó el bate y no sabía qué
hacer. Miró a Marcos, sorprendido. De repente,
Marcos perdió control, y le pegó a su hermano en
la cara con mucha fuerza. Omar se cayó al suelo.
Maurice se puso entre los dos hermanos, y le dijo
a la cara de Marcos:

— ¡Tranquilo! Sólo jugábamos, nada más.

— ¡No te creo!—le respondió Marcos, todavía
muy enojado. *Ma*

Marcos empezó a correr al campamento. Se
dio la vuelta, y gritó:

— ¿Sabes qué, Maurice? Se lo voy a contar
todo a Rodrigo. ¡Tú vas a volver a la calle!

why is he so mean ;;

◈ CAPÍTULO 7
La mentira

EL PRÓXIMO DÍA muy temprano, Marcos fue a la oficina de Rodrigo para contarle todo. Llamó a la puerta, y le dijo:

— Perdone. Tengo noticias importantes.

Rodrigo le contestó:

— No tengo tiempo ahora. Estoy muy ocupado. Vuelve otro día.

— Espera, Rodrigo. Es importante. Es que ¡ese haitiano todavía está aquí en el campamento! ¡Está comiendo aquí, está durmiendo aquí, está abusando de todo! ¡No es justo!

— ¿Quéééé? ¿Ese haitiano todavía está aquí? ¡No puede ser! ¡Ya le dije que se fuera!

Rodrigo salió de su oficina furisoamente, y fue a buscar a Maurice. Lo buscó por todas partes, pero no lo encontró. Entró en el cuarto de Omar y le gritó:

— ¿Dónde está ese haitiano? Yo sé que todavía

está aquí. ¡Marcos me lo contó todo!

Omar no quería decirle la verdad, así que le
dijo una mentira:

— No sé, Rodrigo. No tengo ni idea, pero ya
no está aquí.

Rodrigo le respondió:

— Espero que no. ¡Si tú no me dices la verdad,
yo te boto del campamento!

Más tarde ese día, mientras todos comían en la
cafetería, Rodrigo entró y anunció que un buscón
importante iba a llegar de Miami en dos días. El
buscón trabajaba para un equipo norteamericano.

Rodrigo les contó a los muchachos:

— Uds. tienen que practicar más que nunca.
Es muy importante para su futuro.

Después del anuncio, todos los muchachos
estaban emocionados y también nerviosos. Todos
practicaban más que nunca. Todos querían ir a
los Estados Unidos para jugar. Era su gran sueño.

Dos días después, el buscón de Miami llegó
al campamento. Todos los muchachos corrían,

tiraban y bateaban mientras el buscón los observaba. Maurice también quería observar a sus amigos, así que se escondió detrás de los árboles, cerca del campamento.

Mientras Maurice observaba a todos, uno de los muchachos golpeó un jonrón. Lo golpeó tan lejos que la pelota llegó a los pies de Maurice. Otro muchacho corrió hacia Maurice para recoger la pelota. De repente, el muchacho vio a Maurice detrás de los árboles. Le preguntó:

— Oye, ¿qué haces aquí?

Maurice se puso nervioso, y le dijo:

— Perdona, sólo estaba…

Todos los otros muchachos oyeron las voces cerca de los árboles. Corrieron para ver qué pasaba. El buscón de Miami y Rodrigo también oyeron las voces, y siguieron a los muchachos. Vieron a Maurice. Cuando Rodrigo lo vio, se enojó más que nunca. Le gritó:

— ¿Por qué todavía estás en mi campamento? ¡Ésta no es tu casa! ¡No puedes estar aquí!

¡Vete!

Cuando Omar oyó eso, él defendió a su amigo
y le gritó:

— ¡Este muchacho se escapó de Haití! No tiene
ni familia ni comida.

Omar vio al buscón de Miami, y le dijo directamente:

— Además, este muchacho tiene mucho talento.

Entonces, el buscón decidió:

— A ver, déjalo jugar.

Rodrigo no quería, pero lo dejó jugar. Primero,
el buscón quería ver si Maurice podía correr. Maurice corrió más rápido que nunca…más rápido que
los otros. Después, el buscón quería ver si Maurice
podía tirar la pelota. Maurice tiró la pelota más
lejos que los otros. Finalmente, el buscón quería
ver si Maurice podía golpear la pelota. Cuando
un pícher le tiró la pelota, ¡Maurice golpeó un
jonrón! Todos los muchachos aplaudieron y celebraron. Todos estaban contentos, menos Rodrigo
y Marcos.

El buscón de Miami estaba impresionado con Maurice, y quería hablar con él.

— ¡Es todo por ahora! —Rodrigo les gritó a los otros muchachos, así que todos volvieron a sus cuartos.

Mientras iban a su cuarto, Marcos le preguntó a su hermano:

— Oye, ¿por qué defendiste a ese haitiano? Ahora el buscón prefiere a Maurice. ¡Nosotros perdimos la oportunidad de jugar en los Estados Unidos! ¡Tú eres idiota!

— ¡Y tú eres tan egoísta! ¡Viste su talento natural! Sabes que Maurice no tiene nada.

— ¿Y nosotros? ¿Qué tenemos nosotros?

— Nosotros tenemos familia. Tenemos comida. Tenemos una casa. Si no vamos a los Estados Unidos, siempre podemos volver a casa.

— Tú siempre eres tan bueno, Omar. ¡Pero, también eres muy idiota!

Marcos se enojó más que nunca. Entró en el cuarto, y cerró la puerta en la cara de su hermano.

◉ CAPÍTULO 8

La sorpresa

UNOS MESES DESPUÉS de ese día, Omar volvió a casa. Los buscones pensaron que era bueno para las ligas menores dominicanas. Pero, Omar sabía que no tenía la pasión por el mundo del béisbol. Decidió que su familia era más importante, y quería ayudar a su papá en su trabajo. También siempre pensaba en Carlota, y quería estar cerca de ella.

El día que Omar llegó al pueblo, fue a su casa para ver a sus padres. Sólo pasó un rato allí, y después fue a la casa de Carlota con flores. Cuando Carlota abrió la puerta, Omar le dio las flores y un beso grande. Los dos se abrazaron, y ella le dijo:

— Estoy tan contenta de verte. Yo te extrañé mucho.

— Yo también te extrañé a ti.

— ¿Cómo estás ahora que volviste al pueblo?

— Pues, me gusta jugar a la pelota, pero lo más

importante para mí es mi familia, y especialmente tú, mi amor.

Su hermano, Marcos, también volvió a casa
aunque no quería volver. Su gran sueño era
llegar a los Estados Unidos y ser famoso y rico.
Pero, había un problema: su mala actitud. Nadie
quería ni jugar ni estar con Marcos. Un día en el
campamento, cuando Rodrigo lo criticó, Marcos
se enojó mucho. Él le pegó a Rodrigo en la cabeza con una pelota. Así que, Rodrigo lo botó del
campamento ese mismo día.

Cuando Marcos volvió a la casa de sus padres,
no se llevaba bien con ellos. Siempre estaba de
mal humor, y tenía una mala actitud. Su papá
lo ayudó a encontrar un trabajo en su fábrica de
azúcar, y trabajó allí unos meses. Pero, no se
llevaba bien con el jefe. Entonces, un día el jefe
le dijo:

— ¡Estás despedido!

Después, Marcos decidió que no tenía futuro en
su pueblo tan pequeño. Así que, salió del pueblo

para la capital, Santo Domingo, para empezar una vida nueva.

Desafortunadamente, Omar perdió contacto con Maurice. Lo único que sabía de Maurice era que el buscón de Miami lo invitó a jugar en otro campamento. Este campamento estaba en la República Dominicana, pero era un campamento más profesional y más difícil. Muchas veces Omar pensaba en su amigo, Maurice. Quería saber dónde estaba, y si todavía jugaba a la pelota.

Pasó un año. Cuando Omar llegó a casa un día, vio una carta. La carta era de los Estados Unidos. La abrió y la empezó a leer:

Hola Omar:

Yo te escribo desde Peoria, Illinois, Estados Unidos. Peoria es un pueblo en el centro del país. Yo juego con un equipo profesional de las ligas menores. ¡Ahora tu sueño es mi sueño!

Tengo una vida nueva aquí en Peoria. Vivo con una familia norteamericana. Tengo amigos y una novia. I even speak a little English!

*Todavía pienso en ti. ¿Cómo estás? ¿Y tu fami-
lia? ¿Estás jugando a la pelota?*

*Yo nunca tuve la oportunidad de darte las gracias
por ayudarme y defenderme en el campamento. Yo
siempre me llevaba bien contigo. Si no fuera por
ti, no estaría aquí. Aunque estoy contento ahora,
todavía pienso en mi familia y en la tragedia de mi
país todos los días.*

*Un día en el futuro, quiero abrir un campamento
de béisbol en Haití. También quiero volver a Petit-
Goâve para ayudar a la gente de mi pueblo que
todavía sufre mucho. ¿Quieres ayudarme?*

*Ojalá que me escribas y que me cuentes de tu
vida. Dile hola a Carlota.*

Tu amigo, Maurice

Omar estaba muy contento después de leer las
buenas noticias de su amigo. Quería ver a Maurice
otra vez. Después de leer la carta, Omar salió a la
calle, y vio a unos niños jugando a la vitilla. Pensó

en los días felices de cuando él y su hermano eran niños. Pensó en el primer día en que conoció a Carlota. También pensó en el día en que conoció a Maurice. Sonrió, y fue a jugar con los niños en la calle.

best euclius.

◈ Cognados

A

abusando *taking advantage, abusing (abusar)*

acompañar *to accompany*

acostumbrado *accustomed*

actitud *attitude*

activo *active*

admiraban *they admired, were admiring (admirar)*

adolescentes *adolescents, teenagers*

anuncio *announcement*

anunció *he/she announced (anunciar)*

apartamento *apartment*

aplaudieron *they applauded (aplaudir)*

arruinando *ruining (arruinar)*

atención *attention*

atlético *athletic*

autobús *bus*

B

bateaban *they batted, were batting (batear)*

bebé *baby*

béisbol *baseball*

botella *bottle*

C

cafetería *cafeteria*

candidatos *candidates*

capital *capital*

celebraron *they celebrated (celebrar)*

centro *center*

clases *classes*

colonia *cologne, aftershave*

compañía *company*

competencia *competition*

competitivo *competitive*

comunes *common*

conectado *connected*

confundido *confused*

construir *to construct, build*

contacto *contact*

contento/a/s *contented, happy*

continuar *to continue*

continuó *he/she continued (continuar)*

control *control*

conversación *conversation*

(se) convirtió *he/she converted, became (convertirse)*

copia *copy*

copio *I copy (copiar)*

costa *coast*

criticó *he/she criticized (criticar)*

curiosidad *curiosity*

D

decidieron *they decided (decidir)*
decidió *he/she decided (decidir)*
defender *to defend*
defendió *he/she defended (defender)*
defendiste *you defended (defender)*
desafortunadamente *unfortunately*
desastre *disaster*
¡describan! *describe! (describir)*
describió *he/she described (describir)*
desodorante *deodorant*
destruido/s *destroyed*
directamente *directly*
director *director*
dominicano/a/s *Dominican*

E

emoción *emotion*
energía *energy*
entraron *they entered (entrar)*
entró *he/she entered (entrar)*
(se) escapó *he/she escaped (escaparse)*
espacio *space*
especialmente *especially*
estadios *stadiums*
Estados Unidos *USA*
estrés *stress*
estricta *strict*
estudios *studies*

exactamente *exactly*
expertos *expert*
¡explica! *explain! (explicar)*
explicaron *they explained (explicar)*
explicó *he/she explained (explicar)*
expresiones *expressions*

F

fama *fame*
familia *family*
famoso *famous*
fans *fans*
favorito *favorite*
finalmente *finally*
forma *form*
frecuentemente *frequently*
fuerza *force*
furiosamente *furiously*
furioso *furious*
futuro *future*

G

gimnasio *gymnasium*
grupo *group*

H

habitantes *inhabitants*
haitiano/a/s *Haitian/s*
historia *history, story*
hora *hour*
horrible *horrible*

I

idea *idea*

idiota *idiot, stupid person*

(se) imaginaba *he/she imagined, was imagining (imaginarse)*

imaginar *to imagine*

¡imagínense! *imagine! (imaginarse)*

(me) imagino *I imagine (imaginarse)*

importante/s *important*

(le) importó *was important to him/her (importar)*

impresionado *impressed*

impresionante *impressive*

impresionar *to impress*

increíble *incredible*

industria *industry*

información *information*

intensamente *intensely*

(me) interesa *I am interested in (interesar)*

interrumpió *he/she interrupted (interrumpir)*

invitó *he/she invited (invitar)*

isla *island*

M

mamá *mom*

micrófono *microphone*

minutos *minutes*

momento *moment*

motivados *motivated*

mucho/a/s *much, a lot, many*

N

nacional *national*

natural *natural*

necesaria *necessary, needed*

necesita *he/she needs (necesitar)*

necesito *I need (necesitar)*

negativo/a *negative*

nervioso/a/s *nervous*

norteamericano/a/s *North American/s*

número *number*

nutrición *nutrition*

O

observaba *he/she observed, was observing (observar)*

observar *to observe*

obsesionada *obsessed*

obviamente *obviously*

obvio *obvious*

ocupado *occupied, busy*

oficial *official*

oficina *office*

opinión *opinion*

oportunidad *opportunity*

P

papá *dad*

par *pair*

pasaba *he/she passed, was spending (time) (pasar)*

pasamos *we spent time (pasar)*

pasaron *they passed, spent (time) (pasar)*

pasatiempo *pastime*

pasión *passion*

paso por *I pass, go through* *(pasar)*

pasó *he/she passed, spent (time)* *(pasar)*

pausa *pause*

¡perdona/e! *pardon!, excuse me!* *(perdonar)*

perfecto/s *perfect*

permiten *they permit (permitir)*

persona *person*

personales *personal*

plan *plan*

plato *plate, dish*

posible *possible*

posición *position*

practica *he/she practices* *(practicar)*

práctica *practice*

practicaba *he/she practiced, was practicing (practicar)*

practicaban *they practiced, were practicing (practicar)*

practicamos *we practice* *(practicar)*

prefiere *he/she prefers (preferir)*

preparar *to prepare*

preparó *he/she prepared* *(preparar)*

primaria *primary*

problema *problem*

profesional/es *professional/s*

profesionalmente *professionally*

pronunciar *to pronounce*

puro *pure*

R

radio *radio*

rápidamente *rapidly*

rápido/s *fast*

reacción *reaction*

realmente *really*

repetían *they repeated, were repeating (repetir)*

repito *I repeat (repetir)*

república *republic*

respeto *respect*

respondió *he/she responded, answered (responder)*

rico/s *rich*

romántico/a *romantic*

rutina *routine*

S

secreto *secret*

seriamente *seriously*

serio *serious*

(en) serio *seriously*

silencio *silence*

sinceramente *sincerely*

sirve *he/she serves (servir)*

sirvió *he/she served (servir)*

situación *situation*

sufre *he/she suffers (sufrir)*

sufrió *he/she suffered (sufrir)*

súper *super*

T

talento *talent*
talentosos *talented*
técnica *technique*
teléfono *telephone*
terrible *terrible*
tímido *timid*
típico *typical*
tipo *type, kind*
tragedia *tragedy*
trágica *tragic*
traidor *traitor*
¡tranquilo! *calm down!*
tropical *tropical*

U

usaban *they used, were using*
  (usar)
usan *they use (usar)*
usó *he/she used (usar)*

V

varios *various, several*
velocidad *velocity, speed*
versión *version*
visitó *he/she visited (visitar)*

◆ Vocabulario

A

abierta *open*

abrazaron *they hugged (abrazar)*

abrió *he/she opened (abrir)*

abrir *to open*

(se) acabó *it's over, ended (acabarse)*

(se) acostaron *they went to bed (acostarse)*

¡acuéstense! *go to bed! (acostarse)*

además *besides*

afuera *outside*

agarró *he/she grabbed, caught (agarrar)*

agua *water*

ahora *now*

algo *something*

allí *there*

alto *tall*

amable *nice*

amor *love*

antes, antes de *before*

añadió *he/she added (añadir)*

aprender *to learn*

aprendían *they learned, were learning (aprender)*

aprendió *he/she learned (aprender)*

aquí *here*

(se) arregló *he/she got ready (arreglarse)*

arroz *rice*

así, así que *so, so that*

atentamente *attentively*

aunque *although*

ayer *yesterday*

ayuda *help*

ayudaba *he/she helped, was helping (ayudar)*

ayudar *to help*

ayudó *he/she helped (ayudar)*

B

baja/o *short*

bajo *under*

baño *bathroom*

(se) bañó *he/she took a bath (bañarse)*

barrio *neighborhood*

basta ya *it's enough already*

bastante *quite, enough*

beso *kiss*

bien *well*

bienvenidos *welcome*

bolsillo *pocket*

bonito/a/s *pretty*

boto *I throw out (botar)*

botó *he/she threw out (botar)*

brazo *arm*

brisa *breeze*

bueno/a/s *good*

buscar *to look for*

buscó *he/she looked for (buscar)*

C

cabeza *head*

cada *each*

(me) caí *I fell down (caerse)*

(te) caíste *you fell down (caerse)*

caliente *hot*

calle *street*

camas *beds*

caminaban *they walked, were walking (caminar)*

caminando *walking (caminar)*

caminar *to walk*

caminaron *they walked (caminar)*

caminé *I walked (caminar)*

camión *truck*

camiseta *T-shirt*

canción *song*

cansado/a/s *tired*

cantaba *he/she sang, was singing (cantar)*

cantar *to sing*

cantó *he/she sang (cantar)*

caña de azúcar *sugar cane*

cara *face*

carne *meat*

caros *expensive*

carrera *race*

carta *letter*

casa *house*

(se) cayó *he/she/it fell down (caerse)*

(se le) cayó *he/she dropped (caer)*

cepillo *brush*

cerca, cerca de *near*

cerró *he/she closed (cerrar)*

chévere/s *great, terrific*

chiquito *small*

ciudad *city*

claro *of course*

cocina *kitchen*

colegio *high school*

(de) color café *brown (eyes)*

comer *to eat*

comían *they ate, were eating (comer)*

comida *food*

comiendo *eating (comer)*

como *like, as, since*

con *with*

confiamos *we trust (confiar)*

¡confíen en mí! *have confidence in me! (confiar)*

conmigo *with me*

conocer *to know*

conocía *he/she knew (conocer)*

conocían *they knew (conocer)*

conocieron *they met (conocer)*

conoció *he/she met (conocer)*

conozco *I know (conocer)*

contar *to tell, say*

contestó *he/she answered (contestar)*

contigo   *with you*

contó   *he/she told (contar)*

correr   *to run*

corría   *he/she ran, was running (correr)*

corrían   *they ran, were running (correr)*

corrieron   *they ran (correr)*

corrió   *he/she ran (correr)*

cosa   *thing*

costumbres   *customs*

(¡no lo) creas!   *don't believe it! (creer)*

creer   *to believe*

creo   *I think, believe (creer)*

criollo   *Creole, language combining a European language with another language*

cuarenta   *forty*

cuarto   *room*

¡cuenta!   *tell! (contar)*

cuidaba   *he/she took care of, was taking care of (cuidar)*

cuidar   *to take care of*

¡cuide!   *take care of! (cuidar)*

D

¡dame/nos!   *give me/us! (dar)*

dar   *to give*

de   *of, from*

decían   *they said, were saying (decir)*

decir   *to say, tell*

¡déjalo!   *let, allow him! (dejar)*

dejó   *he/she let, allowed (dejar)*

deporte   *sport*

desayunaban   *they ate breakfast, were eating breakfast (desayunar)*

desconocido   *unknown*

desde   *from*

despedido   *fired*

(se) despertaron   *they woke up (despertarse)*

(se) despertó   *he/she woke up (despertar)*

después, después de   *after*

detrás de   *behind*

día   *day*

(al) día siguiente   *the next day*

dice   *he/she says, tells (decir)*

dicen   *they say, tell (decir)*

dices   *you say, tell (decir)*

dientes   *teeth*

difícil   *difficult*

dije   *I said, told (decir)*

(le) dije que se fuera   *I told him to go away (decir)*

dijeron   *they said, told (decir)*

dijo   *he/she said, told (decir)*

dinero   *money*

dio   *he/she gave (dar)*

(se) dio cuenta de   *he/she realized (darse cuenta de)*

(se) dio la vuelta   *he/she turned around (darse la vuelta)*

dirección   *address*

disfrutaban   *they enjoyed, were enjoying (disfrutar)*

(se) divirtió   *he/she had fun (divertirse)*

domingo *Sunday*

dormir *to sleep*

doscientos *two hundred*

doy *I give (dar)*

duermen *they sleep (dormir)*

duermes *you sleep (dormir)*

duermo *I sleep (dormir)*

dulce *sweet*

durante *during*

durmiendo *sleeping (dormir)*

E

echaban carreras *they ran races, were running races (echar carreras)*

echamos carreras *we ran races (echar carreras)*

echaron carreras *they ran races (echar carreras)*

edificios *buildings*

egoísta *selfish*

(por) ejemplo *for example*

emocionado/a/s *excited*

empecé *I began (empezar)*

empezaron *they began (empezar)*

empezó *he/she/it began (empezar)*

empleado *employee*

empujó *he/she pushed (empujar)*

en *in, on, at, about*

(les) encantaba *they loved (encantar)*

encima de *on top of*

encontrar *to find*

encontró *he/she found (encontrar)*

enfocado *focused*

enojado/a/s *angry*

(se) enojó *he/she got angry (enojarse)*

enseñaba *he/she taught, was teaching (enseñar)*

enseño *I teach (enseñar)*

enseñó *he/she taught (enseñar)*

entiendo *I understand (entender)*

entonces *then, next*

entre *between, among*

entrenaban *they trained, were training (entrenar)*

entrenar *to train*

era *he/she/it was (ser)*

eran *they were (ser)*

eres *you are (ser)*

es *he/she/it is (ser)*

esconder *to hide*

(se) escondió *he/she hid*

¡escriban! *write! (escribir)*

escribió *he/she wrote (escribir)*

escribir *to write*

¡escucha! *listen! (escuchar)*

escuchaban *they listened to, were listening to (escuchar)*

escuchar *to listen to, hear*

escucharon *they listened to, heard (escuchar)*

¡escuchen! *listen! (escuchar)*

escuchó *he/she listened to, heard (escuchar)*

eso *that*

espejo *mirror*

¡espera! *wait! (esperar)*

espero que no *I hope not*

esposo/a   husband, wife
estaba   he/she/it was (estar)
estábamos   we were (estar)
estaban   they were (estar)
estar   to be
estaría   I would be (estar)
esto   this
estoy   I am (estar)
estudiaban   they studied, were studying (estudiar)
estuviste   you were (estar)
extrañaba   he/she missed, were missing (extrañar)
extrañé   I missed (entrañar)
extraño   I miss (extrañar)
extraño/a   weird, strange

F
fábrica de azúcar   sugar cane factory
fácil   easy
fácilmente   easily
feliz/felices   happy
(al) final   in the end
flaco   thin
flores   flowers
francés   French
fresco   cool
fue   he/she went (ir)
fue   he/she/it was (ser)
(se) fue   he/she went away (irse)
fuera de   outside
(si no) fuera por ti   if it weren't for you (ser)

(se) fueron   they went away (irse)
fuerte   strong
fútbol   soccer

G
ganaba   he/she won, was winning (ganar)
ganar   to win; earn money
ganaste   you won (ganar)
ganó   he/she won (ganar)
gente   people
golpe   bump
golpeaba   he/she hit, was hitting (golpear)
golpeó   he/she hit (golpear)
gordito   overweight
grande   big, large
gritaba   he/she shouted, was shouting (gritar)
gritando   shouting (gritar)
gritar   to shout
gritaron   they shouted
gritó   he/she shouted (gritar)
(me) gusta/n   I like (gustar)
(mucho) gusto   nice to meet you
(le/les) gustó/gustaba   he/she/ they liked (gustar)

H
había   there was, were (haber)
habichuelas   beans
hablaban   they spoke, were talking (hablar)
hablando   speaking, talking (hablar)

hablar   to speak, talk

habló   he/she spoke, talked
(hablar)

hace unos días   some days ago

hacer   to do, make

hacia   towards

hacía calor/sol   it was hot/sunny
(hacer)

hasta   until

hay   there is, are

(de) hecho   in fact

hermano/a   brother, sister

hicieron   they, you (pl.) did,
made (hacer)

hijo/a   son, daughter

hombre   man

hoy   today

humo   smoke

humor   mood

I

iba   he/she went, was going (ir)

iban   they went, were going (ir)

idioma   language

inglés   English

intercambiaban   they exchanged,
were exchanging (intercambiar)

ir   to go

J

jabón   soap

jefe   boss

joven   young

jóvenes   young people

juega   he/she plays (sport) (jugar)

juegas   you play (sport) (jugar)

juego   I play (sport) (jugar)

jugaba   he/she played, was
playing (sport) (jugar)

jugábamos   we played, were
playing (sport) (jugar)

jugaban   they played, were
playing (sport) (jugar)

jugando   playing (sport) (jugar)

jugar   to play (sport)

jugaron   they played (sport) (jugar)

juntos   together

justo   fair

L

(al) lado de   next to

largo/a   long

(se) lavó   he/she washed (lavarse)

leer   to read

lejos, lejos de   far

(se) levantaban   they got up,
were getting up (levantarse)

(se) levantó   he/she got up
(levantarse)

limpio   clean

lindo/a/s   pretty, cute

llamaba   he/she called, was
calling (llamar)

(se) llamaba   he/she/it was
named (llamarse)

(se) llamaban   they were named
(llamarse)

llamar   to call

llamó   he/she called (llamar)

llegaba *he/she arrived, was arriving (llegar)*

llegar *to arrive*

llegaron *they arrived (llegar)*

llegaste *you arrived (llegar)*

llegó *he/she/it arrived (llegar)*

lleguemos *we may arrive (llegar)*

(me) llevaba bien *I got along well, was getting along well (llevarse bien)*

(se) llevaba bien *he/she got along well, was getting along well (llevarse bien)*

llevó *he/she/it took, carried (llevar)*

lloraba *he/she/I cried, was crying (llorar)*

llorar *to cry*

loco *crazy*

lo que *what*

luego *then, next*

luna *moon*

luz *light*

M

maestro *teacher*

maleta *suitcase*

malo/a/s *bad*

mano *hand*

mañana *tomorrow*

(por la) mañana *in the morning*

mariposas *butterflies*

más *more*

más...que *more...than*

más que nunca *more than ever*

(el) mayor *the oldest*

mayores *older*

mayoría *majority, most*

media *half*

mejor *better*

(el/la) mejor, (los/las) mejores *the best*

menos *except*

mentira *lie*

mesa *table*

mientras *while*

mil/es *thousand/s*

millas *miles*

miraba *she/he/I watched, was looking at (mirar)*

miraban *they watched, were looking at (mirar)*

miraron *they watched, looked at (mirar)*

¡mire! *look! (mirar)*

miró *he/she watched, looked at (mirar)*

mismo/a/s *same*

mochila *backpack*

moreno/a *dark-haired, dark-complexioned*

muchacho/a/s *boy/s, girl/s*

muerta *dead*

mundo *world*

(se) murieron *they died (morirse)*

(se) murió *he/she died (morirse)*

muy *very*

N

nada *nothing*

nadie *no one, nobody*

ni idea *no idea*

ni...ni *neither...nor*

niños *children*

(por la) noche *at night*

nombre *name*

noticias *news*

novio/a *boyfriend, girlfriend*

nueva/o/s *new*

nunca *never*

O

¡oigan! *listen! hey!* (*oír*)

ojalá *if only, I hope*

ojos *eyes*

orgullosos *proud*

(de) oro *golden*

otro/a/s *other, another, others*

¡oye! *listen!, hey!*

oyeron *they heard* (*oír*)

oyó *he/she heard* (*oír*)

P

padres *parents*

pagar *to pay for*

país *country*

palo *stick*

pan *bread*

par *pair*

para *for*

(me) parece *it seems to me* (*parecer*)

(por todas) partes *everywhere*

(lo) pasaban bien *they were having fun* (*pasar*)

(lo estoy) pasando bien *I'm having fun* (*pasar*)

pasado *past*

paso *step*

(¿Qué) pasó? *What happened?* (*pasar*)

pecho *chest*

pedir *to ask for*

pegó *he/she hit* (*pegar*)

pelo *hair*

pensaba *he/she thought, was thinking* (*pensar*)

pensando *thinking* (*pensar*)

pensaron *they thought* (*pensar*)

pensé *I thought* (*pensar*)

pensó *he/she thought* (*pensar*)

pequeño *small*

perder *to lose*

perdí *I lost* (*perder*)

perdimos *we lost* (*perder*)

perdió *he/she lost* (*perder*)

pero *but*

piensas *you think* (*pensar*)

pienso *I think* (*pensar*)

pies *feet*

playa *beach*

pobre/s *poor*

poco *little*

podemos *we can* (*poder*)

podía *he/she could, was able* (*poder*)

podría   I would be able (poder)

por   for, through

porque   because

postre   dessert

pregunta   question

preguntó   he/she asked
(preguntar)

preocupado/a/s   worried

(¡no se) preocupen!   don't worry!
(preocuparse)

(¡no te) preocupes!   don't worry!
(preocuparse)

presentar   to introduce

presenté   I introduced
(presentar)

presentó   he/she introduced
(presentar)

primer/o/a   first

pronto   soon

propio/s   own

próximo   next

pude   I could, was able (poder)

puedas   you may be able (poder)

puede   he/she can, is able (poder)

pueden   they can, are able (poder)

puedes   you can, are able (poder)

puedo   I can, am able (poder)

puerta   door

pudo   he/she could, was able
(poder)

pueblo   town

pues   well, then

pusieron   they put (poner)

(se) pusieron + adj.   they
became... (ponerse)

(se) puso + adj.   he/she
became... (ponerse)

(se) puso   he/she put on
(clothing) (ponerse)

Q

que   that, who

¿Qué tal?   How are you?

(se) quedaba   he/she stayed, was
staying (quedarse)

quedarse   to stay

queremos   we want (querer)

quería   he/she wanted (querer)

querían   they wanted (querer)

querido/a/s   loving, dear

quieren   they, you (pl.) want
(querer)

quieres   you want (querer)

quiero   I want (querer)

R

rato   short time, a while

realizar   to accomplish

recoger   to pick up

recogieron   they picked up
(recoger)

recogió   he/she picked up (recoger)

reconozco   I recognize (reconocer)

recuerdas   you remember
(recordar)

reírse   to laugh

(de) repente   suddenly

(se) reunieron   they got together,
met up (reunirse)

(se) rieron   they laughed (reírse)

(se) **rió** *he/she laughed (reírse)*
rojo *red*
rompió *he/she broke (romper)*
ropa *clothing*

S

sábado *Saturday*
saber *to know*
sabía *he/she knew (saber)*
sabían *they knew (saber)*
sacaron *they took out (sacar)*
salí *I left (salir)*
salieron *they left (salir)*
salió *he/she left (salir)*
saliste *you left (salir)*
salones de clase *classrooms*
saludó *he/she greeted (saludar)*
sé *I know (saber)*
sean *they may be (ser)*
(se) **secó** *he/she dried (secarse)*
(en) **seguida** *at once*
seguro *sure*
semana *week*
(se) **sentaron** *they sat down (sentarse)*
(se) **sentó** *he/she sat down (sentarse)*
ser *to be*
sería *he/she/it would be (ser)*
si *if*
siempre *always*
(lo) **siento** *I'm sorry (sentir)*
siguiente *following*
siguieron *they followed (seguir)*

siguieron...ando/iendo *they continued...ing (seguir)*
siguió *he/she followed (seguir)*
sin *without*
sobre *about*
solo *alone*
sólo, solamente *only*
somos *we are (ser)*
son *they are (ser)*
soñaba con *he/she dreamed, was dreaming about (soñar con)*
sonrieron *they smiled (sonreír)*
sonrió *he/she smiled (sonreír)*
sonrisa *smile*
sorprendida/o/s *surprised*
sorpresa *surprise*
soy *I am (ser)*
sucia *dirty*
suelo *ground, floor*
sueño *dream*
sureste *southeast*
suroeste *southwest*

T

también *too, also*
tampoco *neither, either*
tan *so*
tanto *so much*
tapa *top, cap*
tarde *late*
(por la) **tarde** *in the afternoon*
tarjeta *card*
temblar *to tremble, shake*
temprano *early*

tener *to have*

tener...años *to be...years old*

tener éxito *to be successful*

tener hambre *to be hungry*

tener que *to have to*

tener razón *to be right*

tener sed *to be thirsty*

tener sueño *to be sleepy*

tener vergüenza *to be embarrassed*

tenía *he/she had (tener)*

tenían *they had (tener)*

terremoto *earthquake*

tiempo *time*

tiene *he/she has (tener)*

tienen *they have (tener)*

tienes *you have (tener)*

tierra *earth, land*

tiraba *he/she threw, was throwing (tirar)*

tiraban *they threw, were throwing (tirar)*

tiró *he/she threw (tirar)*

toalla *towel*

(se) tocó *he/she touched (tocarse)*

todavía *still, yet*

todo/a/s *all*

¡toma! *take! (tomar)*

tomaban *they took, were taking (tomar)*

tomé *I took (tomar)*

trabajaba *he/she worked, was working (trabajar)*

trabajar *to work*

trabajo *work*

trabajó *he/she worked (trabajar)*

triste/s *sad*

tristeza *sadness*

tropezó *he/she tripped (tropezar)*

tuve *I had, got (tener)*

tuvo *he/she had, got (tener)*

U

(lo) único *the only thing*

V

va *he/she/it goes, is going (ir)*

vamos *we go, are going (ir)*

(nos) vamos *we go, are going away (irse)*

van *they go, are going (ir)*

vas *you go, are going (ir)*

(a) veces *at times*

vecinos *neighbors*

veía *he/she saw, were seeing (ver)*

(nos) vemos *we'll see each other (ver)*

¡ven/vengan! *come! (venir)*

ventana *window*

veo *I see (ver)*

ver *to see*

(a) ver *let's see*

verdad *truth*

verduras *vegetables*

ves *you see (ver)*

¡vete! *go away! (irse)*

vez *time, occasion*

vi *I saw (ver)*

viajo   I travel (viajar)

vida   life

vieja/o   old

vieron   they saw (ver)

vimos   we saw (ver)

vio   he/she saw (ver)

viste   you saw (ver)

(había) visto   I had seen (ver)

vivían   they lived, were living (vivir)

vivir   to live

volver   to return

volvían   they returned, were returning (volver)

volvieron   they returned (volver)

volvió   he/she returned (volver)

volviste   you returned (volver)

voy   I go, am going (ir)

voz/voces   voice/s

(en) voz baja   in a quiet voice

vuelan   they fly (volar)

¡vuelve!   return! (volver)

Y

ya   already

ya no   no longer

Z

zapatos   shoes

◆ *Información adicional*

ACKNOWLEDGEMENTS

This book is dedicated to Maurice Bonhomme, Jean Cayemitte, and many others, who inspired New Trier High School's Petit-Goâve Earthquake Relief Fund. To learn more about this project and contribute to their on-going efforts, visit newtrier.k12.il.us/haitiproject.aspx.

ABOUT THE AUTHORS

JJ Hill, Marissa Rubin, and Roberta Price have 50 years of combined experience teaching Spanish at the high school level. Colleagues at New Trier High School in Winnetka, Illinois, they are excited to share their first novel with you.

67650839R00046

Made in the USA
Columbia, SC
30 July 2019